BEI GRIN MACHT SICH WISSEN BEZAHLT

- Wir veröffentlichen Ihre Hausarbeit, Bachelor- und Masterarbeit
- Ihr eigenes eBook und Buch - weltweit in allen wichtigen Shops
- Verdienen Sie an jedem Verkauf

Jetzt bei www.GRIN.com hochladen und kostenlos publizieren

Bibliografische Information der Deutschen Nationalbibliothek:

Die Deutsche Bibliothek verzeichnet diese Publikation in der Deutschen National-bibliografie; detaillierte bibliografische Daten sind im Internet über http://dnb.d-nb.de/ abrufbar.

Dieses Werk sowie alle darin enthaltenen einzelnen Beiträge und Abbildungen sind urheberrechtlich geschützt. Jede Verwertung, die nicht ausdrücklich vom Urheberrechtsschutz zugelassen ist, bedarf der vorherigen Zustimmung des Verlages. Das gilt insbesondere für Vervielfältigungen, Bearbeitungen, Übersetzungen, Mikroverfilmungen, Auswertungen durch Datenbanken und für die Einspeicherung und Verarbeitung in elektronische Systeme. Alle Rechte, auch die des auszugsweisen Nachdrucks, der fotomechanischen Wiedergabe (einschließlich Mikrokopie) sowie der Auswertung durch Datenbanken oder ähnliche Einrichtungen, vorbehalten.

Impressum:

Copyright © 2015 GRIN Verlag
Druck und Bindung: Books on Demand GmbH, Norderstedt Germany
ISBN: 9783668783119

Dieses Buch bei GRIN:

https://www.grin.com/document/432915

Anonym

Die Anfänge des Frauenfußballs. Mannweib vs. sexy Kickerin?

GRIN Verlag

GRIN - Your knowledge has value

Der GRIN Verlag publiziert seit 1998 wissenschaftliche Arbeiten von Studenten, Hochschullehrern und anderen Akademikern als eBook und gedrucktes Buch. Die Verlagswebsite www.grin.com ist die ideale Plattform zur Veröffentlichung von Hausarbeiten, Abschlussarbeiten, wissenschaftlichen Aufsätzen, Dissertationen und Fachbüchern.

Besuchen Sie uns im Internet:

http://www.grin.com/

http://www.facebook.com/grincom

http://www.twitter.com/grin_com

Universität Koblenz-Landau

Campus Koblenz

Institut für Sportwissenschaft

Wintersemester 2014/2015

Die Anfänge des Frauenfußballs

Vertiefung in Kulturwissenschaft 1 – Sportgeschichte

— M. Ed. Sport, Modul 11.4 —

Thema des Referats:

„Vom Mannweib" zur „sexy Kickerin"

Hausarbeit/schriftliche Ausarbeitung des Referats

Inhalt

1. **Einleitung** 2

2. **Innerhalb kürzester Zeit zum Medienhype** 3

3. **Theoretischer Zugang durch die Kommunikationsforschung** 4
   3.1 Nachrichtenwerttheorie 4
   3.2 Gatekeepertheorie 5

4. **Mediale Rahmenbedingungen** 5
   4.1 Sexualisierung des Frauenfußballs 8

5. **Ein journalistischer Rückblick** 9

6. **Fazit und Ausblick** 10

1. Einleitung

Der Frauenfußball hat in Deutschland einen geringeren Stellenwert als der Männerfußball. Dementsprechend ist die mediale Repräsentanz deutlich geringer. Für einen Artikel im Fußball-Magazin mussten die Frauen in den 1990er Jahren sogar Geld bezahlen. Zudem wurde den Frauen neben der geringen Berichterstattung fehlende Feminität vorgeworfen und schließlich Homosexualität unterstellt. Folglich entstand das Klischee der „Mannweiber".[1]

Die Frauenfußball-Weltmeisterschaft 2011 ermöglichte einen Imagewechsel, wodurch das „ ‚Lesbenklischee im Frauenfußball [...] vom Sexy-Girl-Klischee verdrängt' "[2] worden ist. Folglich waren die Nationalspielerinnen bereits im Vorfeld medial gefragt.[3] Darüber hinaus wurden letztlich elf ausverkaufte Spiele und 17 Millionen Fernsehzuschauer als Spitzenwert bei der Partie Deutschland gegen Japan erzielt. Selbst ohne die deutsche Beteiligung beim Endspiel wurden immerhin noch 13,5 Millionen Fernsehzuschauer erzielt.[4] Diese Faktoren haben dazu beigetragen, dass „die WM 2011 einen Meilenstein für die Medienpräsenz weiblicher Teamsportarten gesetzt"[5] hat.

„All dies spricht für eine hohe Akzeptanz in der Bevölkerung und dafür, dass das Turnier vom Publikum als internationales Sportereignis von Weltrang anerkannt worden ist. Inwiefern sich diese Begeisterung nachhaltig für die Wahrnehmung in Deutschland auswirkt, ist eine andere Frage."[6]

Daher werden in der vorliegenden Ausarbeitung folgende Fragen im Rückblick auf die WM 2011 genauer unter die Lupe genommen: Gab es in Bezug auf den Frauenfußball tatsächlich einen Wandel in der Wahrnehmung? Und war der Imagewechsel zur „sexy Kickerin" bloß ein Produkt des Zufalls oder doch das einer medialen Vermarktungsstrategie? Was sind die Ursachen und die Hintergründe der gegenwärtigen Sexualisierung im Sport?

---

[1] Schaaf, Daniela: Vom „Mannweib" zur „sexy Kickerin", in: Herzog, Markwart (Hrsg.): *Frauenfußball in Deutschland: Anfänge – Verbote – Widerstände – Durchbruch*. Stuttgart: Kohlhammer, 2013, 263-284, S.264.
[2] Schaaf: *„Mannweib"*, S. 264.
[3] Schaaf: *„Mannweib"*, S. 263.
[4] Küchenmeister, Daniel & Schneider, Thomas: Die Frauenfußball-Weltmeisterschaft 2011 – ein kritischer Rückblick auf gesellschaftspolitische Debatten, in: Hofmann, Annette R. & Krüger, Michael (Hrsg.): *Rund um den Frauenfußball: Pädagogische und sozialwissenschaftliche Perspektiven*. Münster: Waxmann, 2014, 63-67, S. 63.
[5] Schaaf: *„Mannweib"*, S. 263.
[6] Küchenmeister & Schneider: *Frauenfußball-Weltmeisterschaft*, S. 63.

2. Innerhalb kürzester Zeit zum Medienhype

Kritiker sind der Meinung, dass die WM 2011 nichts mit einem Imagewandel zu tun habe. Stattdessen vertreten sie die Auffassung, dass es sich dabei um einen künstlich erzeugten Medienhype handelte. Folgende Aspekte sprechen dafür: Zum einen war Deutschland erstmalig das Austragungsland des Großereignisses und zum anderen war im Jahr 2011 die Frauenfußball-WM das einzige bedeutende Sportevent, das stattgefunden hat. Folglich konnte der Sportjour-nalismus die Frauenfußball-WM nicht ignorieren und war teilweise sogar auf dessen Medieninhalte angewiesen. Des Weiteren trägt der Frauenfußball zur Selbstermächtigung von Frauen bei, wodurch er aus der Perspektive des Gender-Mainstreamings politisch erwünscht ist.[7]

> „Gender wird in Interaktionen inszeniert und durch die permanente Präsentation konstruiert. Nicht nur wegen seiner Fokussierung des Körpers, sondern auch wegen der Betonung der Geschlechter- und Leistungs-Differenzen ist *doing sport* auch immer *doing gender*. Die jeweiligen Inszenierungen des Geschlechts im Sport, die eine große Variationsbreite aufweisen, werden von den Massenmedien aufgegriffen und der Bevölkerung zugänglich gemacht. Massenmedien bestimmen durch das >Agenda-Setting<, welche Themen als wichtig gelten und sie beeinflussen durch das >framing<, ich welchen Kontexten Themen wie beispielsweise der Frauensport Bedeutung erhalten. Derzeit steht der Frauenfußball eindeutig auf der Agenda."[8]

Ein weiterer Aspekt für den plötzlichen Medienhype wird durch die finanziellen Gründe dargeboten, denn die Austragung des Turniers sollte zur Hälfte über den Ticketverkauf refinanziert werden. Daher war es wichtig mittels vermehrter Berichterstattung potenzielle Stadionbesucher zu locken.[9] Auf diese Art und Weise ist es dem Veranstalter schlussendlich gelungen 40 Prozent des Budgets über die Ticketeinnahmen abzudecken.[10]

---

[7] Schaaf: *„Mannweib"*, S. 264.
[8] Pfister, Gertrud: Die Darstellung von Frauen im Mediensport – Kontinuitäten und Veränderungen, in: Schaaf, Daniela & Nieland, Jörg (Hrsg.): *Die Sexualisierung des Sports in den Medien*. Köln: Herbert von Harlem, 2011, 57-80, S. 58.
[9] Schaaf: *„Mannweib"*, S. 275.
[10] Küchenmeister & Schneider: *Frauenfußball-Weltmeisterschaft*, S. 63.

3. Theoretischer Zugang durch die Kommunikationsforschung

Die Kommunikationsforschung „befasst sich mit Personen, die an der Entsteh-ung und Verbreitung von Medieninhalten beteiligt sind".[11] Aufgrund dessen kann untersucht werden anhand welcher Kriterien Journalisten bestimmte Er-eignisse als berichtserstattungswürdig einstufen. Einerseits hängt die Nachrichtenauswahl vom Nachrichtenwert ab und andererseits gemäß der Gatekeepertheorie vom „Torwächter".[12] Im Folgenden werden die Nachrichtenwerttheorie, sowie die Gatekeepertheorie genauer erläutert.

3.1 Nachrichtenwerttheorie

Das Grundkonzept zur Nachrichtenwerttheorie beruht auf dem amerikanischen Journalisten und Publizisten Walter Lippmann. In seinem Buch „Public Opinion" (1922) beschreibt er, welche Kriterien Ereignisse erfüllen müssen, damit sie für Journalisten beachtenswert und interessant sind und folglich zu Nachrichten werden. Im Rahmen der Publikationswürdigkeit führt Lippmann erstmals den Begriff des Nachrichtenwerts („news value") auf.[13]

> "Failing an intervention of this sort, the facts do not become news, until the workers organize and make a demand upon their employers. Even then, if an easy settlement is certain the news value is low, whether or not the conditions themselves are remedied in the settlement. But if industrial relations collapse into a strike or lockout the news value increases. If the stoppage involves a service on which the readers of the newspapers immediately depend, or if it involves a breach of order, the news value is still greater."[14]

Zeitlich kurzfristige Ereignisse mit kultureller, politischer und räumlicher Nähe ermöglichen ein hohes Maß an Identifikation und erzielen somit eine hohe Medienaufmerksamkeit. Demzufolge wird dem Nachrichtenfaktor *Nationalität* die größte Bedeutung beigemessen. Des Weiteren verstärken folgende Faktorendimensionen den Nachrichtenwert: *Rekorde, Siege, Elite*; *Konflikte und Gewalt*, sowie *Prominenz und Personalisierung*.[15] Letzteres nimmt in der Sport-berichterstattung einen hohen Stellenwert ein,

---

[11] Schaaf: *„Mannweib"*, S. 276.
[12] Schaaf: *„Mannweib"*, S. 266.
[13] Loosen, Wiebke: *Die Medienrealität des Sports. Evaluation und Analyse der Printberichterstattung.* Wiesbaden: Deutscher Universitäts-Verlag, 1998, S. 30.
[14] Lippmann, Walter: *Public opinion.* New York: MacMillan, 1922, S. 348.
[15] Schaaf: *„Mannweib"*, S. 266.

denn der mediale Wettbewerb zwingt die einzelnen Konkurrenten auf dem Markt effizienter zu handeln.

In diesem Zusammenhang „sind [...] Vermarktungsstrategien herzustellen, die Sportler in den Mittelpunkt ihrer Kampagnen stellen, sowie die Ausrichtung auf unterhaltende Elemente, die durch eine personenzentrierte Darstellung begünstigt werden."[16]

3.2 Gatekeepertheorie

Im Gegensatz zur Nachrichtenwerttheorie, welche wie vorangehend erläutert variablenorientiert ist, ist die Gatekeepertheorie akteursorientiert. Dies bedeutet, dass der Gatekeeper („Torwächter") aufgrund seiner Position im Sportverband oder in der Redaktion über die Aufnahme oder die Ablehnung einer Nachricht urteilt. Demnach ist die persönliche Einstellung des Gatekeepers bzw. die des Journalisten ausschlaggebend dafür, ob er ein Ereignis oder eine Person für berichterstattungswürdig hält oder nicht. Da die meisten Schlüsselpositionen innerhalb der Medienorganisation überwiegend mit Männern besetzt sind, welche den Frauenfußball als belanglos einschätzen, fällt die Berichterstattung bereits im Vorfeld zuungunsten der weiblichen Sportprofis aus.[17] Als Resultat liegt der Anteil der Berichterstattung in tagesaktuellen Massenmedien (Print, Fernsehen, Radio) nicht höher als 15 Prozent.[18]

4. Mediale Rahmenbedingungen

Männerdominierende Sportressorts bevorzugen Athletinnen aus ästhetisch-kompositorischen Sportarten sowie Individualsportarten, die traditionelle Weiblichkeitskonzepte, wie Eleganz und Anmut, verkörpern. Demzufolge wird über-wiegend

---

[16] Loosen: *Medienrealität*, S.117. Die Nationalspielerinnen waren auch außerhalb der klassischen Sportberichterstattung medial gefragt. Dementsprechend konnte der Faktor der Personalisierung durch Auftritte bei „TV-Total" von Stefan Raab (Pro7) oder durch Modestrecken in der Frauenzeitschrift „Brigitte" aufgewertet werden. Durch zusätzliche Werbekampagnen mit Nike etc. wurde Fatmire Bajramaj sogar zum Medienliebling des Turniers und erreichte dadurch einen eigenen Prominentenstatus. Schaaf: *„Mannweib"*, S. 263.
[17] Schaaf: *„Mannweib"*, S. 266-268.
[18] Hartmann-Tews, Ilse & Rulofs, Bettina: Zur Geschlechterordnung in den Sportmedien – Traditionelle Stereotypisierung und Ansätze ihrer Auflösung, in: Schierl, Thomas (Hrsg.): *Handbuch, Medien, Kommunikation und Sport*. Schorndorf: Hofmann, 2007, 137-154, S. 140.

über Tennisspielerinnen, Athletinnen aus dem Eiskunstlauf oder der Rhythmischen Sportgymnastik berichtet.[19]

„Athletinnen aus Männersportarten [stoßen] jedoch auf Ablehnung, da ihre Körper aufgrund des harten Trainings oftmals nicht mehr dem traditionellen weiblichen Schönheitsideal entsprechen. Abweichungen von dieser männlich konstruierten (aber auch von Frauen mitgebrachten) Norm werden selten akzeptiert und mit kommerzieller Nichtbeachtung gestraft."[20]

Aufgrund dessen sehen sich Athletinnen aus männlich dominierenden Sport-arten dazu gezwungen, durch den Einsatz von Gendersymbolen (Kleidung, Make-up, Nagellack, aufwändige Frisur, Schmuck) oder durch die Hervorhebung der sekundären Geschlechtsmerkmale, ihre Weiblichkeit stärker zu betonen.[21] Da der Schwerpunkt somit, unabhängig von der sportlichen Leistung, auf der Vermarktung des äußeren Erscheinungsbildes liegt, präsentierten sich die Nationalspielerinnen im Vorfeld der WM 2011 in diversen Mode- und Beauty-strecken.[22] Auch der DFB[23] hat erkannt, dass die Betonung der Weiblichkeit hilfreich ist, um das Image der „Mannweiber" durch Ästhetik und Sympathie zu modifizieren. Da Birgit Prinz[24] nicht dem Bild der neuen Generation entspricht, wurde daher anlässlich der Fußball-WM 2011 eine Barbie-Birgit als „außerge-wöhnliche Ehrung" auf den Markt gebracht. Bei aller Traurigkeit lässt sich beim Vergleich mittels Abbildung 1 allerdings feststellen, dass die Ähnlichkeit gegen null geht und dass die Barbie-Birgit im Gegensatz zu Birgit Prinz, wie nicht anders erwartet, dem normativen Schönheitsideal entspricht: Rehaugen, Stupsnase, Schmollmund, Wespentaille, dünne Beine.[25]

---

[19] Schaaf, Daniela & Nieland, Jörg-Uwe: Medienpräsenz von Sportlerinnen – Emanzipation oder Sexualisierung?, in: *APuZ* 16-19 (2011), 15-20, S. 17.
[20] Schaaf & Nieland: *Medienpräsenz*, S. 19.
[21] Schaaf & Nieland: *Medienpräsenz*, S. 19.
[22] Schaaf: *„Mannweib"*, S. 269.
[23] Deutscher Fußball-Bund
[24] Eine der erfolgreichsten Fußballspielerinnen Deutschlands
[25] Gugutzer, Robert: Körperpolitiken des Sports. Zur sportiven Verstärkung von Körper, Geschlecht und Macht, in: Schaaf, Daniela & Nieland, Jörg (Hrsg.): *Die Sexualisierung des Sports in den Medien*. Köln: Herbert von Harlem, 2011, 34-56, S. 48.

Abbildung 1: Birgit Prinz und Barbie-Birgit im Vergleich.[26]

Neben der Hervorhebung der Weiblichkeit lieferten die Medien Informationen zu den Sportlerinnen im außersportlichen Kontext, so in ihrer Rolle als Mutter, Tochter oder Ehefrau. Informationen über das Menschliche, den Charakter oder die Emotionen der Aktiven gehören zu sogenannten *Human Interest*- Themen.[27] Diese Faktoren lenken jedoch von den sportlichen Aktivitäten der Athletinnen ab und führen dazu, dass die physische Attraktivität und die Fokussierung auf die *Human Interest*- Themen einen größeren Stellenwert einnehmen als deren sportliche Leistungen.[28]

> „Dadurch besteht die Gefahr, dass sportlich mäßig erfolgreiche Athletinnen, die jedoch über ein hohes erotisches Kapital verfügen, wesentlich leichter mediale Aufmerksamkeit generieren können als die vermeintlich weniger attraktiven Leistungsträgerinnen. Diese Situation ließ sich auch im deutschen Medienfußball beobachten. So war Fatmire Bajramaj das deutsche Gesicht der WM 2011, obwohl sie die Spiel überwiegend von der Ersatzbank aus verfolgte, während die Torschützerin Inka Grings und Kerstin Garefrekes kaum bis gar nicht redaktionell vertreten waren."[29]

Darüber hinaus lässt ich seit Mitte der 1980er Jahre als Vermarktungs-strategie die Sexualisierung des Frauensportkörpers beobachten. Getreu dem Motto „Sex sells" rücken Körperpartien wie Gesäß, Beine oder Busen in den Mittelpunkt der

---

[26] Gugutzer: *Körperpolitiken*, S. 48.
[27] Hartmann-Tews & Rulofs: *Geschlechterordnung*, S. 144.
[28] Schaaf & Nieland: *Medienpräsenz*, S. 17-18.
[29] Schaaf: *„Mannweib"*, S. 270.

Fotos.[30] Der nächste Abschnitt wird sich mit dieser Thematik intensiver auseinandersetzen.

4.1 Sexualisierung des Frauenfußballs

„Fern scheint die Zeit, in der Birgit Prinz sagte: „ ‚Wir möchten unseren Sport vermarkten, nicht unseren Hintern.' " Das war vor etwas mehr als sieben Jahren, und inzwischen weiß Deutschland sogar, wie der nackte Hintern von fünf Juroren-Nationalspielerinnen aussieht."[31] Über die mediale Inszenierung von Weiblichkeit und körperliche Attraktivität hinaus, lässt sich eine deutliche Tendenz zur Sexualisierung des Sportkörpers feststellen, wobei teilweise die Grenze überschritten wird. So ließen sich bereits einige Nachwuchsspielerinnen der Fußball-Nationalmannschaft in softporno-grafischen Posen im „Playboy" ablichten. Angeblich wollten sie damit das Klischee der „Mannweiber" widerlegen.[32]

„Wenn Sportlerinnen mit einem „*Come-on*"-Blick oder schmollenden Mün-dern dargestellt werden, wenn sogenannte verbotene Einsichten […] ermöglicht werden, oder wenn sexuell konnotierte Körperpartien in das Zentrum des Fotos gerückt werden, dann werden Sportlerinnen nicht als aktive und starke Frauen inszeniert, sondern als erotische Objekte männlicher Sexualitätsphantasien."[33]

Folglich steigt die Gefahr der „Entsportlichung" weiter an. Bleibt nun die Frage wieso viele Sportlerinnen trotz dessen, dass sie als ursprüngliches Ziel den Sport und nicht ihren Hintern vermarkten wollten, nun plötzlich über das genderkonforme Auftreten hinaus, zusätzlich dazu bereit sind ein Teil der erotischen Medienpräsenz zu werden. Zum einen liegt es am niedrigen Monatsgehalt der Fußballspielerinnen. Dieser liegt selbst bei größeren Vereinen zwischen 500 und 2000 Euro. Daher arbeiten die meisten Bundesliga-Spielerinnen noch nebenbei oder machen eine Ausbildung.[34] Zum anderen versprechen sich ehemalige Sportlerinnen durch erotische Auftritte Anschlussengagements im Film-, Fernseh- und Showbusiness, sodass sie auch nach ihrer sportlichen

---

[30] Schaaf & Nieland: *Medienpräsenz*, S. 17.
[31] Lange, Nadine: *Fußballerinnen in Nachschminkzeit*, in: Der Tagesspiegel, 12.6.2011, 21.045, S.12.
[32] Pfister: *Darstellung*, S. 72.
[33] Hartmann-Tews & Rulofs: *Geschlechterordnung*, S. 145. Sportlerinnen außerhalb des Frauenfußballs, so wie Katarina Witt oder Magdalena Neuner, können ebenfalls im „Playboy" bewundert werden. Auch im internationalen Bereich ist dies mittlerweile gang und gäbe. Die brasilianische Nationalspielerin Lisa Andriolizog zog sich für die südamerikanische „Playboy"-Variante aus. Pfister: *Darstellung*, S. 72.
[34] Lange: *Fußballerinnen*, S12.

Karriere Einnahmen erzielen können. Junge Athletinnen wiederum, die am Anfang ihrer Sportkarriere stehen und aus einer Sportart kommen, die wenig mediale Aufmerksamkeit erzielt, versuchen durch die Erotisierung mediale Beachtung zu erlagen. Auf diese Art und Wiese gelingt es ihnen nicht nur potenzielle Sponsoren zu erreichen, sondern auch als Gast in Talkshows oder TV-Serien bezahlte Medienauftritte zu ergattern.[35]

5. Ein journalistischer Rückblick

Um zu überprüfen, welche Haltung Journalisten und Journalistinnen innerhalb des Sportressorts gegenüber dem Frauenfußball haben, und welche Meinung sie in Bezug auf die Vermarktungsstrategie vertreten, werden im Folgenden einige Ergebnisse der Interviewstudie von Daniela Schaaf vorgestellt.

> „ `Der Frauenfußball hat nahezu keine Bedeutung für uns. Es sei denn, es finden große Ereignisse statt, sprich WM oder EM, bei denen die deutsche Mannschaft dann auch entsprechend weiterkommt´. (Sportjournalist M) "[36]

Anhand des Kommentars von Sportjournalist M wird deutlich, dass der Frauenfußball auf der einen Seite in der Berichterstattung keinen hohen Stellenwert hat und auf der anderen Seite, dass die Beachtung des Frauenfußballs eher ereignisorientiert ist. Dies verdeutlicht noch mal, dass *Nationalität* der entscheidende Nachrichtenfaktor im Frauenfußball ist. Da die WM und die EM allerdings alle vier Jahre im *Zweijahresrhythmus* stattfinden, kann eine kontinuierliche Medienpräsenz letzten Endes nicht erreicht werden. Demzufolge sind auch viele Journalisten der Meinung, dass die *Personalisierung* zunehmend in den Vordergrund rücken sollte. Vor allem weil sie der Ansicht sind, dass der Frauenfußball inhaltlich wenig hergebe. Dies führt dazu, dass sich die Berichterstattung überwiegend auf Personen konzentriert, die unabhängig von ihrer sportlichen Leistung, bereits über einen Prominenzstatus verfügen.[37] Auf die Frage, ob diese Strategie in Bezug auf das Interesse gegenüber Frauenfußball nachhaltig sein kann, äußerte sich ein Journalist folgendermaßen:

> „`Ich denke nicht, dass so eine Präsentation nachhaltige Effekte hätte. Es mag für den Moment amüsant sein, aber eigentlich kann man sein […] [Z]iel nicht damit erreichen. […] Wenn ich eine unbekannte Spielerin jetzt besonders weiblich abbil-

---

[35] Schaaf & Nieland: *Medienpräsenz*, S. 19.
[36] Schaaf: *„Mannweib"*, S. 273.
[37] Schaaf: *„Mannweib"*, S. 274.

de, die sich in dieser Rolle mitunter nicht wohlfühlt, erreiche ich meine Zielgruppe doch gar nicht´. (Sportjournalist U)"[38]

In Anbetracht dessen gewinnt man folgendermaßen gewiss kein sportlich interessiertes Publikum, sondern lediglich an attraktiven Frauen interessierte Männer. Nachhaltig kann dies somit nicht sein.

Nichtsdestotrotz spalten sich diesbezüglich die Meinungen, denn andere Journalisten sind wiederum der Meinung, dass Besucher zunächst nur ins Stadion gehen, weil sie Fatmire Bajramaj so attraktiv finden, dann aber bleiben, weil sie merken dass der Frauenfußball gar nicht so schlecht sei. Folglich können dadurch auch neue Fangruppen erschlossen werden, was fortschrittlich für Frauenfußball wäre.[39]

6. Fazit und Ausblick

Angesichts der Tatsachen war es offensichtlich zu früh von einem Paradigmen-wechsel zu sprechen. Auch wenn die Vermarktungsstrategie von den Sportjournalisten zweischneidig bewertet wird, erkennt man heute, etwa dreieinhalb Jahre nach der WM, dass eine Ernüchterung bezüglich der medialen Aufmerksamkeit eingetreten ist.[40] Nichtsdestotrotz sind kleine Veränderungen allerding sichtbar.

> Wenn in Zukunft ein Mädchen gerne Fußball spielen würde, werden die Eltern Dank des Imagewechsels bei der WM 2011 „wohl nur noch wenige Argumente dagegen finden, denn viele Vorurteile konnten während der drei Wochen ausgeräumt werden. Der Frauenfußball ist gesellschaftsfähig geworden. Die Medien dagegen tun sich ein bisschen schwerer."[41]

Um zu verhindern, dass die Berichterstattung nur zu Großereignissen stattfindet, wäre der nächste Schritt eine wöchentliche Zusammenfassung der Ergebnisse der Bundesligaspiele in der ARD-Sportschau. Bisher beschränkt es sich auf die klassische 1:0-

---

[38] Schaaf, Daniela: Gefangen im Klischee? Mediale Inszenierung von Weiblichkeit im Frauenfußball, in: Hofmann, Annette R. & Krüger, Michael (Hrsg.): *Rund um den Frauenfußball: Pädagogische und sozialwissenschaftliche Perspektiven.* Münster: Waxmann, 2014, 79-97, S. 86.
[39] Schaaf: *Klischee,* S.87.
[40] Schaaf: *„Mannweib",* S. 280.
[41] Hammel, Eva: Reise in eine neue (Medien-)Welt – Die WM 2011 aus Sicht einer Sportjournalistin, in: Hofmann, Annette R. & Krüger, Michael (Hrsg.): *Rund um den Frauenfußball: Pädagogische und sozialwissenschaftliche Perspektiven.* Münster: Waxmann, 2014, 69-75, S.75.

Sportberichterstauung im Videotext, im Internet oder in regionalen Zeitungen.[42] Im Übrigen lässt sich eine langfristige Etablierung dieser Sportart und damit eine kontinuierliche Medienpräsenz von Frauenfußball nur realisieren, wenn genug Frauen in den Führungspositionen der Redaktionen und Sponsoringabteilungen vertreten sind.

Es besteht kein Zweifel daran, dass die Sexualisierungsstrategie eine hohe mediale Aufmerksamkeit erzielt, jedoch kann dies nicht als emanzipatorischer Erfolg gewertet werden. „Denn Emanzipation bedeutet primär die Befreiung von gesellschaftlicher Abhängigkeit und fremdbestimmten Normen."[43] Da die Sportlerinnen jedoch alle die männlich konstruierte Norm widerstandslos übernehmen, scheint es sich um nichts anderes als um Geschlechterhierarchie zu handeln. Um die wirtschaftlichen Interessen realisieren zu können, lassen sich die Frauen schlussendlich auf einer von Männern geschaffenen Bühne präsentieren.[44]

Alles in einem hat der Imagewechsel vom „Mannweib" zur „sexy Kickerin" kurzzeitig zu einer erhöhten medialen Aufmerksamkeit geführt. Um dies nun über einen längeren Zeitraum hinweg wahren zu können, wären Maßnahmen notwendig, die dauerhafte Wirksamkeit erzeugen.

---

[42] Schaaf: *„Mannweib"*, S. 281.
[43] Schaaf & Nieland: *Medienpräsenz*, S. 20.
[44] Schaaf & Nieland: *Medienpräsenz*, S. 20.

BEI GRIN MACHT SICH IHR WISSEN BEZAHLT

- Wir veröffentlichen Ihre Hausarbeit, Bachelor- und Masterarbeit

- Ihr eigenes eBook und Buch - weltweit in allen wichtigen Shops

- Verdienen Sie an jedem Verkauf

Jetzt bei www.GRIN.com hochladen und kostenlos publizieren